Silvio Pellico

Lettere al conte mantovano

Giovanni Arrivabene

(1838-1852)

A cura di Cristina Contilli

Lulu.com

3101 Hillsborough Street

Raleigh, NC 27607

USA

Printed in 2012.

Prima edizione: maggio 2010

Seconda edizione: dicembre 2012

Per informazioni:

http://www.scrittoriromanticitaliani.ilcannocchiale.it

IN QUESTA CASA TRASSE VENERATA VECCHIEZZA
IL CONTE GIOVANNI ARRIVABENE SENATORE DEL REGNO
NOBILE D'ANIMO ANCORA PIÙ CHE DI STIRPE.
PER LIBERALI SENSI DANNATO CONTUMACE NEL CAPO
PEREGRINANDO FRA CENTI STRANIERE
ILLUSTRÒ L'ESIGLIO CON OPERE EGREGIE
ONDE ACCREBBE FAMA A SE E ALLA PATRIA
REDUCE ALLA SUA MANTOVA RIVENDICATA IN LIBERTÀ
QUI MORÌ L'UNDICI GENNAIO 1881
PRESSO A COMPIERE L'ANNO 94
ETÀ CHE SEBBEN TARDA
AL RIVERENTE AFFETTO D'ITALIA PARVE IMMATURA

La lapide che si trova a Mantova nel palazzo dove ha vissuto Giovanni Arrivabene dopo il ritorno dall'esilio.

Immagine tratta da:

http://www.liberatiarts.com/segreta/dopo1848/arrivabene.JPG

Introduzione:

Nelle proprie "Memorie" il conte mantovano Giovanni Arrivabene racconta di aver conosciuto Silvio Pellico nel 1816 nella seguente circostanza:

"Monsignor de Breme[1] erasi recato a Mantova per mettere in iscena un suo dramma intitolalo "Ida"; e Pellico ve l'aveva seguito per amicizia, per gentilezza d'animo, a fine di dividere con lui le noje inseparabili da tal sorta di faccende, e godere dello sperato trionfo dell'amico. Il dramma non ebbe buon successo. Monsignor de Breme era un colto uomo, appassionalo pegli studii, di animo nobile, di modi gentilissimi, innamorato del bene e del bello, ma il genio drammatico natura glielo aveva negato. I due amici si trattennero in Mantova circa un mese. Io li vidi sovente, e di essi e di quel mese serbai ognora cara memoria."

Vicino ai nobili milanesi, finanziatori della rivista "Il Conciliatore" (Arrivabene aveva un'amicizia di lunga data con il conte Confalonieri che risaliva all'epoca della dominazione napoleonica), nell'estate del 1820, Arrivabene ospita nella sua villa fuori Mantova il conte milanese Luigi

---

[1] Lo scrittore e critico letterario Ludovico Di Breme, collaboratore della rivista "Il Conciliatore" e amico del Pellico negli anni del suo soggiorno milanese.

4

Porro, accompagnato dal Pellico che in quel periodo lavorava presso di lui come segretario e precettore dei due figli più piccoli.

Purtroppo questa visita sarà per l'Arrivabene la causa del suo arresto: verrà, infatti, accusato di essere a conoscenza dell'appartenenza di Pellico alla carboneria, ma di non averlo denunciato.

Nelle proprie "Memorie" l'Arrivabene giustificherà il proprio comportamento scrivendo:

"L'interrogatorio durava da più di quattro ore, quando Salvotti alzandosi ad un tratto in piedi vi mette fine con queste parole: Pellico le ha confidato alla Zaita di essere carbonaro; era dovere in lei il denunziarlo al governo, ella noi fece, quindi ella è rea del delitto di non rivelazione. Queste parole gittarono, come lampo, una luce improvvisa nella sconvolta mia mente, e richiamaronmi alla memoria il breve dialogo ch'ebbi alla Zaita con Pellico sulla carboneria. Negare era agevol cosa, ed è ciò che uomo calmo e di esperienza avrebbe fatto. Ma a me non passò neppur per mente di negare. Io invece, con accento di sdegno, esclamai: — Come, denunziare, tradire l'amico, l'ospite! Che leggi son queste? le più immorali del mondo. Mi condannino pure. Mi trovassi mille volte in simil caso, farei mille volte lo stesso. Pellico non mi ha poi detto, essere egli carbonaro , ma bensì che volea o convenia farsi tale. Ciò è si vero, ch'io ne l'ho sconsigliato. Si sconsiglia mai uomo dal commettere azione che egli abbia già consumata? Dunque anche secondo la legge io non son reo. Questa forza i sudditi a

5

rivelare al governo i carbonari; ma essa non va tant'oltre da costringerli a denunziare i discorsi sulla carboneria che essi sieno per udire, o il desiderio che una persona manifesti di entrare, o che altri entri nella setta. Io avea talmente ragione, che i giudici non poterono a meno di dire, la situazione mia essere stata difficile e delicata. Ad ogni modo, soggiunsero essi, alle leggi bisogna ubbidire. Mi consigliarono poscia a star di buon animo. Circostanze attenuanti militavano in favor mio. Pellico stesso avea detto ch'io non avea accolte le sue proposte; e con queste parole mi rimandarono in prigione. E in questo caso fu un bene per me il dire schiettamente il vero. Il concordare della mia deposizione con quella di Pellico provava evidentemente la mia innocenza.

Tolga Iddio ch'io faccia carico a Pellico di aver ripetuto alla Commissione di Venezia le poche parole sulla carboneria corse fra noi due alla Zaita, Egli, com'io, come altri, non avrà saputo resistere a quell'impulso che spinge a dire il vero, avvenga che può. Io faccio poi anche la congettura seguente. (...) Gli avranno fatto credere che possedevano indizii, prove forse di ciò ; meglio per lui dire intera la verità. Pellico, posto in tal modo alle strette, avrà risposto: Gli è tanto vero ch'io non ho fatto carbonaro Arrivabene, che avendogli confidato, per provarlo, che io volea farmi tale, egli me ne sconsigliò."

Questo episodio, pur causando al conte Arrivabene non solo l'arresto, ma anche un soggiorno di qualche mese nelle carceri veneziane, a cui seguirà un lungo periodo di esilio (Arrivabene dopo l'arresto di Confalonieri seguirà, infatti, il consiglio di sua moglie Teresa e, falsificando il proprio

6

passaporto, riuscirà a lasciare i territori, sottoposti al dominio austriaco e a rifugiarsi in Svizzera) non farà venire meno né la sua amicizia con Pellico né il suo senso di solidarietà nei confronti degli amici, coinvolti nel suo stesso processo.

Il conte mantovano Giovanni Arrivabene
in una foto tratta da:

1.

Torino, dicembre 1838

Mio carissimo Arrivabene.

Ricevo una lettera del sig. Ermanno Barigozzi[2]che mi scrive con espressioni commoventi di gioia averti un suo fratello, pochi giorni sono abbracciato nel Canton Ticino, e nel darmi questa notizia il buon Ermanno fa gran festa gridando che tu sei in Italia! Ma egli nell'impulso dell'esultanza non mi spiega se tu sia solo venuto nella parte italiana di Svizzera, o se tu abbia affatto la permissione di passare i confini e rimpatriare. Deh! Così fosse! E tu frattanto sappi che il tuo Pellico ti conserva uno de' più affettuosi posti nel suo cuore, e brama che tu pure gli voglia bene. Scrivimi qualche cosa, dimmi ove sei, ove vai; dimmi se sei nel numero di quelli che possono, senza più lunghi indugi, ritornare nelle mura native.

Gradisci questo breve saluto, ed abbimi sempre, sempre e per sempre per tuo affezionatissimo amico.

---

[2] Ermanno Barigozzi proprietario di una fonderia che lavorava sia in ambito civile sia in quello militare, fondata all'epoca della dominazione napoleonica e oggi trasformata in un museo (http://www.fonderianapoleonica.it/english/museum_papery.html).

8

Silvio Pellico.

2.

[Torino, 14 febbraio 1839][3]

Carissimo mio Arrivabene.

La tua seconda lettera mi fece gran piacere, ma per noi, cosi famigliarizzati coll'afflizione, il piacere è sempre mescolato a qualche

---

3 Autografo nel Musée Royal de Mariemont (Belgio).
Una riproduzione di buona qualità dell'autografo è stata pubblicata in:
http://www.musee-mariemont.be/web/wwwopac.exe?DATABASE=integral&OPAC_URL=&
LANGUAGE=2&BRIEFADAPL=../web/adapls/jsbrief&DETAILADAPL=
../web/adapls/jsdet&%250=600003720&LIMIT=0

http://www.europeana.eu/portal/record/07404/9CEB72D7953C12DB9C664
CA02448C85CF3473725.html?start=2&query=who%3APellico%2C+Silvi
o

La lettera è costituita da un solo foglio senza l'indicazione del recapito del destinatario, è probabile perciò che sia stata inviata dal Pellico o affidandola a mano a qualche amico che si recava in Belgio oppure potrebbe essere stata inserita insieme ad una lettera indirizzata a qualcuno dei suoi ex compagni di carcere, io ho pensato a Getano De Castiglia perché è l'unico che non viene menzionato nei saluti finali, quindi, Pellico potrebbe aver scritto due brevi lettere, una per Castiglia e l'altra per Arrivabene e averle spedite insieme.

sentimento doloroso. Saperti così vicino all'Italia e vederti obbligato di rinunciare al paese nativo m'ha veramente fatto male. Né tu sei il solo per cui io mi affligga. Quell'indulto mi aveva tanto consolato, e fu dunque un'illusione! Io sperava di rivedervi tutti. Ma la tua risoluzione di prendere in pace questa nuova pena è degna della tua saggia e bell'anima; possa tale serenità non abbandonarti mai! Ti scrivo poco; ho sempre un'assai misera salute, e ti direi che sono stanco della vita se non fosse che so che non bisogna mai dirsi stanco di portare un dono fattoci da Dio, e che anzi bisogna di continuo armarsi di dolce pazienza e coraggio, e benedire la vita come la morte. Si patisca dunque col sorriso e la forza d'animo ch'Egli esige: gli anni fuggono sì rapidi, che il trovar lunghi i loro patimenti è follia. Addio [Conservami la tua cara amicizia, e salutami Arconati, Berchet, Borsieri, tutti que' nostri che sono o teco o poco lontani da te. Dì loro che li amo indistintamente.]

Ti abbraccio stretto stretto e sono il tuo

Silvio

Torino, 14 febb. 39

3.

Torino, 3 aprile 1843

10

Carissimo Arrivabene.

Eccoti i libri che ti prego di portare a Borsieri;[4] e v'aggiungo una lettera per esso ed un'altra per Porro.[5] — Ho letto con vero gusto la tua esposizione statistica del Belgio. Oltre la soddisfazione della mia curiosità, ho provato quel piacere che danno gli scritti dei valentuomini d'animo buono.

Tutto ne' tuoi pensieri m'è simpatico — senza eccettuare il tuo cenno d'amicizia al Piemonte. —

La tua partenza m'incresce. Dammi ancora qualche momento.

Il tuo Silvio Pellico.

---

[4] Lo scrittore e critico letterario Pietro Borsieri, uno dei primi amici che il Pellico conoscerà dopo il suo trasferimento a Milano nel 1809. Borsieri collaborerà nel 1818-1819 alla rivista "Il Conciliatore", contribuendo con i suoi scritti alla definizione della poetica del romanticismo italiano. Arrestato nel 1822 verrà condannato a vent'anni di carcere, ma uscirà dallo Spielberg nel 1836 grazie ad un'amnistia. La sua amicizia con il Pellico supererà le difficoltà sia della prigionia sia dell'esilio.

[5] Il conte milanese Luigi Porro con cui Pellico dopo la liberazione intrattenne una corrispondenza abbastanza regolare pur affidando sempre le lettere ad amici comuni e non alla posta, per non insospettire né la polizia piemontese né quella austriaca.

4.

Mio carissimo Arrivabene.

Uno di questi giorni il nostro gentile Villain mi ha recata la tua lettera, ed era la più bella strenna che potesse darmi. La tua amicizia m'è cara. Non si sono ancora vedute a Torino le illustri viaggiatrici di cui mi parli. Se vengono le visiterò con venerazione per le virtù loro, e segnatamente perché t'hanno consolato ne' giorni di dolore. Godo, amico mio, che in Bruxelles tu sia felice quant'uomo esser possa tale su questa terra. Anch'io dirò cosi. Benediciamo Dio nelle nostre consolazioni e ne' nostri patimenti, e andiamo avanti con amore. So che ognuno ti vuoi bene e t'apprezza sommamente. Sei nondimeno fedele al tuo divisamento di visitare spesso il nostro paese. Procurerò di non morire ancora per avere il contento di rivederti. Scarsa, e talora pessima è la mia salute, ma il fatto mi prova da anni che si può vivere in questa povera guisa, e non me ne incresce. Salutami que' nostri amici che sono costà. Piacciati dare l'unito foglio al mio Gioberti. T'abbraccio e sono il tuo aff. mo

Silvio Pellico.

Postscriptum. — Barigozzi, che ti venera molto, particolarmente mi prega di farti i suoi saluti.

5.

Torino, 4 maggio 1844

Caro Arrivabene.

Il nostro buon Villain m'offre un'occasione di mandarti un saluto, ed io me ne prevalgo. Nello stesso tempo ti prego di far tenere l'unito piego a Gioberti. Scrivimi come stai, che fai, e se non hai progetto di venir presto a visitare i tuoi connazionali, che t'amano. Porgi i miei omaggi alla signora contessa di Lalaing.[6] Da essa ti sarà stato dato il buon giorno per parte mia, non è molto tempo. Le mie notizie sono le solite, poco ridenti circa le infermità che patisco, e spesso peggioro, poi riacquisto, e torno a peggiorare. Intanto vivo, e non mi manca una certa disinvoltura, e pace nel patire. Duolmi di essere inutile, ma che farci? Infinita è la turba degli inutili, e mi consolo nel numero, per meglio dire non mi consolo di ciò,

[6] La contessa Marie Henriette Octavie Ghislaine de Lalaing, nata contessa de Maldeghem, già dama d'onore della regina, è stata la traduttrice di diversi autori italiani da Silvio Pellico a Cesare Balbo fino a Giacomo Leopardi. In particolare ho èpotuto constatare attraversi stralci di riviste dell'epoca scaricabili da google libri che aveva avuto un buon riscontro la traduzione della Vita di Dante scritta dal Balbo e pubblicata nella traduzione francese della De lalaing a Bruxelles nel 1844. Credo che Pellico abbia intrattenuto con lei una corrispondenza diretta, ma purtroppo non sono riuscita finora a rintracciare né gli autografi del Pellico né quelli della De Lalaing.

13

ma bensì mi rassegno, e cerco dolcezza nell'amar i buoni, e le cose lodevoli che essi fanno. Così amo te ed il bene che operi. Salutami, se sono costà, gli Arconati e Berchet. Mi vien detto che Confalonieri è reduce da Algeri in Milano, e sta bene. Non ho ancor lettere sue.

T'abbraccio, ti desidero e sono il tuo

Silvio Pellico.

6.

Torino, 17 novembre 1852.

Mio caro Arrivabene.

Voglio in qualche modo risarcirmi oggi scrivendoti un saluto. Oh quanto ieri mi dolse d'avere un impegno urgente per cui non mi fu possibile fermarmi teco! Era una promessa data, e mi convenne adempirla, altrimenti non mi sarei privato del piacere di star qualche momento con un sì caro amico. Oltre che la tua benevolenza mi è preziosa da lunghi anni, vi si rannodano tante ricordanze piene ad un tempo di dolcezza e di dolore. E rammentando quanto ti amassero qua' nostri buoni amici che, ohimè! si sono andati estinguendo, parmi d'essere erede del loro affetto per te. — Non avrei mai creduto di dover sopravvivere al mio povero

14

Borsieri. L'ultima volta ch'io l'avea veduto, io era sì travagliato da' miei patimenti, ed egli sembrava talmente in possesso della vita ch'io mi tenea certo di morir presto e di lasciarlo assai lontano dal suo fine. Negli ultimi tempi ignorai il decadimento della sua salute, e quando mi giunse l'improvviso annunzio della sua morte ne ebbi il cuore straziato. — Le mie infermità sono, come tu vedi, di quelle che non si affrettano ad uccidere; ma patisco sempre. Stetti meglio l'anno scorso a Roma ed a Napoli; ritornai in primavera e quel miglioramento svanì. Pazienza e coraggio sino al termine! Adoriamo i voleri di Dio e confidiamo nella sua bontà, [anche se la perdita nell'arco di pochi mesi prima del mio amico Borsieri e poi di mia moglie mi ha prostrato più di quanto tu possa immaginare.]

Sta sano, mio caro Arrivabene, e conservami un buon posto nella tua amicizia.

Il tuo Silvio Pellico.

Il conte Giovanni Arrivabene (Mantova, 24 giugno 1787 – Mantova, 11 gennaio 1881) è stato un patriota, politico ed economista italiano.

Figlio del conte Alessandro e di Adelaide Malaspina della Bastia, durante l'occupazione napoleonica fu costretto all'esilio insieme alla famiglia, ritenuta leale all'Austria.

Di idee liberali, rientrato in Patria con la Restaurazione, fondò nei suoi possedimenti una scuola di mutuo insegnamento, frequentata da duecento fanciulli. L'impronta liberale suscitò i sospetti degli austriaci, che imposero la chiusura della scuola e arrestarono Arrivabene (1821).

Rilasciato, si rifugiò dapprima in Svizzera, quindi in Belgio e infine a Londra, da dove seppe della sua condanna a morte e della confisca dei beni, che vennero revocate nel 1838.

Prese parte ai moti del 1848 in Lombardia e, dopo la loro repressione, trovò nuovamente rifugio in Belgio, dove si dedicò ad opere benefiche.

Nel 1859 rientrò in Patria e l'anno seguente fu nominato Senatore del Regno.

Pubblicò volumi di economia e di storia e le *Memorie della mia vita*

16

Elenco delle opere del conte Giovanni Arrivabene:

- *Beneficenza della cittá di Londra*, Lugano, 1827
- *Di varie societá e istituzioni di benficenza in Londra*, Lugano, 1832
- *Exposé de la situation des institutions de bienfaisance pour les pauvres dans la Royaume des Pays-Bas en 1829*, Brussel, 1829
- *Cosidérations sur les principaux moyens d'améliorer les sort des classes ouvrières*, Brussel, 1832
- *Lettres sur les colonies agricoles de la Belgique*, Brussel, 1833
- *Enquête sur l'état des paysans de la Commune de Gaesbeek*, Brussel, 1833
- *Principes fondamentaux de l'économie politique*, Parijs, 1836
- *Sur la condition des laboureurs et des ouvriers belges et sur quelques mesures pour l'améliorer*, Brussel, 1845
- *Intorno ad un epoca della mia vita (1820-22)*, Turijn, 1860 (memoires met 6 onuitgegeven brieven van Silvio Pellico)
- *Osservazioni sulla legge provinciale e communale*, Florence, 1864
- *Della legge che ha abolito nel Belgio il dazio di consumo detto octroi*, Turijn, 1864
- *Scritti morali ed economici*, Florence, 1870
- *Memorie della mia vita (1795-1859)*, Turin, 1860, Florence, 1879 (memoires)

Bibliografia:

Libri:

G. ARRIVABENE, *Intorno ad un'epoca della mia vita, con l'aggiunta di sei lettere inedite di Silvio Pellico*, Torino, Unione Tipografico - Editrice, 1860.

(Contiene sei lettere indirizzate al conte Giovanni Arrivabene, datate rispettivamente 14 dicembre 1838, 14 febbraio 1839, 3 aprile 1843, 1° gennaio 1844, 4 maggio 1844, 17 novembre 1852).

Internet:

http://nl.wikipedia.org/wiki/Giovanni_Arrivabene

http://it.wikipedia.org/wiki/Silvio_Pellico

http://www.treccani.it/enciclopedia/giovanni-arrivabene_(Dizionario-Biografico)/

http://notes9.senato.it/web/senregno.nsf/9a9ed8f00e7e7ad6c12570000030610a/2b8e5747706f50b3c12570690031865b?OpenDocument

http://cronologia.leonardo.it/storia/a1821d.htm

http://www.liberatiarts.com/storia/risorgimento.htm

http://www.google.it/search?hl=it&q=Silvio+Pellico+Giovanni+Arrivabe
ne+lettere&aq=f&aqi=&aql=&oq=&gs_rfai=&emsg=NCSR&ei=f5D7S4
O6Hc-GsAaS_83sDg

http://www.italianisti.it/FileServices/76%20Murtas%20Valentina.pdf

http://www.archive.org/search.php?query=creator%3A%22Pellico%2C%
20Silvio%2C%201789-1854%22

http://digilander.libero.it/polesineitalia/memorie.htm

http://www.ibiblio.org/annali/bookshelf2000.htm

http://rh19.revues.org/index613.html

http://www.fonderianapoleonica.it/english/museum_papery.html

http://it.wikipedia.org/wiki/Pietro_Borsieri

http://www.classicitaliani.it/index182.htm

http://it.wikipedia.org/wiki/Ludovico_di_Breme

http://www.classicitaliani.it/ottocent/dibreme01.htm

http://www.parmaelasuastoria.it/ita/Fabbi-
Faroldi.aspx?idMostra=38&idNode=246

http://notes9.senato.it/Web/senregno.NSF/e56bbbe8d7e9c734c125703d00
2f2a0c/75bfb8eb5bbb23704125646f00586def?OpenDocument

http://www.google.it/url?sa=t&rct=j&q=%22Giovanni+Arrivabene%22&
source=web&cd=77&ved=0CE8QFjAGOEY&url=http%3A%2F%2Fww
w.storiapatriapuglia.it%2FIndici_ASP.pdf&ei=TDGcT7apHfHP4QTS0s2
pDg&usg=AFQjCNGhZDsrv_mbx2_uOZ3CT9FrWZeLSg

http://www.giovannipasetti.it/scrigno/quadro.htm

http://www.risorgimento.it/rassegna/index.php?id=38190&ricerca_inizio=
40&ricerca_query=&ricerca_ordine=DESC&ricerca_libera=

**ARCHIVI E BIBLIOTECHE DOVE SONO CONSERVATI
ATTUALMENTE GLI AUTOGRAFI DI GIOVANNI
ARRIVABENE:**

http://lettereautografe.selfip.net/

http://ase.signum.sns.it/Isis/servlet/Isis?Conf=/usr/local/IsisGas/NapoliCo
nf/Napoli.sys3.file&Obj=@Napolid.pft&Opt=search&Field0=cd=S13/00
001/01/00/00012/000/000 (Biblioteca Nazionale Centrale di Firenze:
lettere di Giovanni Arrivabene a Francesco Protonotari)

http://ase.signum.sns.it/Isis/servlet/Isis?Conf=/usr/local/IsisGas/NapoliConf
/Napoli.sys3.file&Obj=@Napolid.pft&Opt=search&Field0=zzI00%20*%2
0cts=d&Dsfor=2048 (Archivio di stato di Milano: Fondo Autografi - busta
61, Titolo del fascicolo: Arrivabene Giovanni, Busta 61, Il fascicolo
contiene due lettere, spedite da Firenze il 29 marzo 1867 e da Mantova il 18
ottobre 1876 senza indicazione del destinatario, e un ritratto)

http://www.bergamoestoria.it/archimedia/serie.aspx?l=6&l2=1&l3=3
(Biblioteca comunale di Bergamo)

http://www.bibliotecauniversitaria.ge.it/opencms/opencms/it/cataloghi/f_a
_s/autog-a.htm (Biblioteca universitaria di Genova)

http://www.comune.torino.it/cultura/biblioteche/ricerche_cataloghi/arriva
bene.shtml

http://www.google.it/url?sa=t&rct=j&q=a+Giovanni+Arrivabene+autogra
fi&source=web&cd=29&ved=0CFAQFjAIOBQ&url=http%3A%2F%2F
www.dicom.uninsubria.it%2Fcentrocattaneopreti%2Fallegati%2FArchivi
o_Bersellini_Repetti.pdf&ei=dTicT5ynFIfU4QT4mu2pDg&usg=AFQjC
NFaGOEzXTQ35XX3AhdSufb5m2C2tQ

E come nel caso del Pellico alcune lettere di Giovanni Arrivabene sono ancora reperibili sul mercato antiquario:

http://www.maremagnum.com/showPage.php?template=HOME&item_fie
ld=title&masterPage=HOME-risultati-ricerca.html&results=HOME-
risultati-
ricerca.ihtml&noresults=noResults.ihtml&autore=Arrivabene+Giovanni&
search=&parolechiave=
http://www.ebay.it/sch/i.html?_nkw=arrivabene

Edizioni dell'epistolario di Silvio Pellico

A. ALEARDI, A. CESARI. S PELLICO, *Lettere estratte dalla raccolta di autografi posseduta dal signor Giovanni Soster di Valdagno*, Schio Tipografia Manin, 1881.

(Contiene una lettera di Silvio Pellico indirizzata al canonico Antonio Grippa datata 12 ottobre 1838).

M. BRIGNOLI, *Lettere inedite di Silvio Pellico* in *Saluzzo e Silvio Pellico nel 150. de "Le mie prigioni". Atti del Convegno di studio : Saluzzo, 30 ottobre 1983*, a cura di A. A. MOLA, Torino, Centro di studi piemontesi, 1984, pp. 43-73.

(Contiene ventuno lettere indirizzate a Giuseppina Pellico, sorella di Silvio, scritte tra il 1844 e il 1853; nove lettere indirizzate a Giulio Caponago, scritte tra il 1836 e il 1851; una lettera indirizzata al conte E. De Seguins-Vassieux, datata 19 settembre 1832; una lettera indirizzata al critico letterario dell'*Antologia* Giuseppe Montani, datata 19 febbraio 1833; una lettera indirizzata al conte torinese Cesare Balbo, datata 8 giugno 1833; una lettera indirizzata al padre domenicano Raimondo Feraudi, priva di data; una lettera indirizzata a mons. Filippo Artico, vescovo di Asti, datata 14 agosto 1843; una lettera indirizzata al conte Vincenzo Piccolomini, datata 20 dicembre 1844; una lettera indirizzata a J. A. Martigny, datata 25 giugno

1845; una lettera indirizzata a Roberto Parenti, console del Re a Livorno, datata 1° gennaio 1848; una lettera indirizzata ad Emilia, priva di data).

D. CHIATTONE, *Una lettera di Silvio Pellico a Stanislao Marchisio* in *Piccolo archivio storico dell'antico marchesato di Saluzzo, Annata I*, Ristampa anastatica, Saluzzo, Editoriale Rosso, 1987.

ID., *Due lettere di Silvio Pellico* in *Piccolo archivio storico dell'antico marchesato di Saluzzo, Annata I*, Ristampa anastatica, Saluzzo, Editoriale Rosso, 1987.

(Contiene una lettera indirizzata al teologo Borel, datata 18 settembre 1848 ed una lettera indirizzata allo scrittore belga Léger Noel, datata 25 aprile 1839).

S. PELLICO, *Alcune lettere inedite*, a cura di R. RENIER, Torino, Officina Poligrafica Ed. Subalpina, 1911.

(Contiene venti lettere indirizzate al padre somasco Antonio Bottari, scritte tra il 1838 e il 1850).

ID., *Epistolario,* raccolto e pubblicato a cura di G. STEFANI, Firenze, Le Monnier, 1856.

ID., *Due lettere a Giuseppe Montani,* Firenze, Le Monnier, 1858.

ID., *Due lettere inedite,* pubblicate a cura di F. MARTINI, Pescia, Tipografia Benedetti e Niccolai, 1921.

(Contiene una lettera indirizzata all'ex compagno di prigionia Alexandre Andryane, datata 4 novembre 1837 ed una lettera indirizzata allo scrittore Giovanni Sabbatini, datata 17 marzo 1850).

ID., *Due lettere inedite di Antonio Rosmini e di Silvio Pellico a Luigi Fornaciari,* Firenze, Tipografia Carnesecchi, 1847.

(Contiene una lettera di Silvio Pellico datata 15 febbraio 1847).

ID., *Cinque lettere,* pubblicate da E. ROSTAGNO, Saluzzo, Tipografia Lobetti-Bodoni, 1905.

(Contiene due lettere indirizzate a Giampietro Vieusseux, datate rispettivamente 11 marzo 1833 e 23 aprile 1833; una lettera indirizzata all'attrice Angelica Armari Dalbono, datata 20 maggio 1833; una lettera indirizzata al marchese Cesare Campori, datata 14 agosto 1843 e una lettera indirizzata a Quirina Mocenni Magiotti, datata 1° gennaio 1845).

ID., *Lettera alla signora Quirina Magiotti (la donna gentile) del 12 maggio 1846*, pubblicata da D. MARTELLI, Firenze, [Le Monnier], 1892.

ID., *Lettere a Giorgio Briano: aggiuntevi alcune lettere ad altri e varie poesie*, Firenze, Le Monnier, 1861.

(Contiene cinquantotto lettere indirizzate allo scrittore Giorgio Briano; due lettere indirizzate ad Anna Briano, moglie di Giorgio; due lettere indirizzate a Felice Muletti, tre lettere indirizzate al marchese Roberto D'Azeglio; tre lettere indirizzate al conte Enrico Seyssel; due lettere indirizzate alla contessa Cristina Seyssel; sei lettere indirizzate a Giovanni Arrivabene, sette lettere indirizzate a M. Schmidt oltre alle cantiche: "Tasso e tre amici", "Tancredi", "Alla marchesa Giulia Colbert di Barolo", "L'allegria", "Prima Comunione").

ID., *Lettere alla donna gentile,* pubblicate a cura di L. CAPINERI - CIPRIANI, Roma, Società editrice Dante Alighieri, 1901.

(Contiene centoventidue lettere indirizzate a Quirina Mocenni Magiotti scritte tra il 1816 e il 1847 ed una lettera indirizzata ad Ernestina Martelli, nipote di Quirina, datata 24 ottobre 1849).

ID., *Lettere due edite da Giovanni Marziali in onore di Don Clemente Michetti per il cinquantesimo del suo sacerdozio*, Fermo, Tipografia Mecchi, 1872.

(Contiene una lettera datata 25 giugno 1845, il cui destinatario non è stato identificato ed una lettera, indirizzata al conte Serafino D'Altemps, priva di data).

ID., *Lettere famigliari inedite. Epistolario italiano,* pubblicate dal sacerdote prof. C. DURANDO, Torino, Tipografia Salesiana, 1876.

(Contiene sedici lettere indirizzate ad Onorato Pellico, padre di Silvio, centottanta lettere indirizzate a Luigi Pellico, fratello maggiore di Silvio, e centoventisette lettere indirizzate a Raimondo Feraudi).

ID., *Lettere famigliari inedite. Epistolario francese,* pubblicate dal sacerdote prof. C. DURANDO, Torino, Tipografia e Libreria Salesiana, 1878.

(Contiene tre lettere indirizzate a Margherita Tournier Pellico, madre di Silvio; una lettera indirizzata a Francesco Pellico, fratello minore di Silvio; cinquecento lettere indirizzate a Giuseppina Pellico; dodici lettere indirizzate alla marchesa Giulia Falletti di Barolo).

ID., *Lettere inedite,* pubblicate a cura di L. DELLA VALLE, Modena, Tipografia dell'Immacolata Concezione, 1861.

(Contiene tre lettere indirizzate al sacerdote Paolo Bedoschi, parroco di Chiari in Lombardia, datate rispettivamente 21 marzo 1840, 31 dicembre 1840 e 6 settembre 1841, ed una lettera, priva di data, indirizzata a Giuseppina Pellico).

ID., *Lettere inedite*, pubblicate da G. CLARETTA, Firenze, Tipografia della Gazzetta D'Italia, 1879.

(Contiene quattordici lettere indirizzate al conte torinese Maurizio Biandrate scritte tra il 1833 e il 1835).

ID., *Lettere inedite a Carlo Muletti*, pubblicate a cura del prof. F. GABOTTO, Saluzzo, Tipografia Bovo e Baccolo, 1901.

ID., *Lettere inedite al conte Andrea Gabrielli*, pubblicate a cura di A. MABELLINI, Fano, Tipografia Letteraria, 1914.

ID., *Lettere inedite a Giovan Battista Carlo Giuliari*, Verona, Franchini, 1900.

ID., *Lettere inedite a suo fratello Luigi*, pubblicate dal sacerdote C. DURANDO, Torino, Tipografia e Libreria dell'Oratorio di S. Francesco di Sales, 1875

ID., *Lettere milanesi (1815-1821)*, a cura di M. SCOTTI, Torino, Loescher - Chiantore, 1963.

ID., *Lettere scelte al padre Raimondo Feraudi*, pubblicate dal sacerdote prof. C. DURANDO, Torino, Tipografia Salesiana, 1880.

ID., *Mes Prisons. Des devoirs des hommes. Ildegarde. Lettres inédites.* Traduction nouvelle par Madame Woillez, Tours, Mame et C. Editeurs, 1846.

(Contiene due lettere indirizzate a "Madame de B.", indicata come "Madame la comtesse de Benevello" nell'edizione Stefani e 5 lettere indirizzate a "M. le comte de B." In queste lettere tutti i cognomi presentano la consonante iniziale seguita da tre asterischi).

ID., *Poesie e lettere inedite,* pubblicate per cura della Biblioteca della Camera dei Deputati, Roma, Tipografia della Camera dei Deputati, 1898.

(Contiene ventisei lettere indirizzate a Federico Confalonieri scritte tra il 1837 e il 1846 ed una lettera indirizzata alla contessa Sofia O' Ferral, seconda moglie di Federico Confalonieri, datata 20 dicembre 1846).

ID., *Tre lettere dirette al cav. Parenti, console di S.M. Sarda a Livorno*, pubblicate da F. BARIGAZZI, Firenze, Tipografia Landi, 1901.

ID., *Una lettera al cav. Lorenzo Mancini: pubblicata per la prima volta e dichiarata con note sull'autografo della Biblioteca Comunale di S. Gimignano*, Siena, Tipografia Ed. San Bernardino, 1900.

ID., *Una lettera inedita all'abate Giulio Cesare Parolari*, pubblicata a cura di F. MAZZINI, Siena, Tipografia San Bernardino, 1911.

ID., *Una lettera inedita*, Estratto da *Il Buonarroti*, 1885, serie III, Vol. II, Quaderno II, pp. 1-10.

(Contiene una lettera datata indirizzata all'incisore tedesco Karl Voigt che si era convertito al cattolicesimo dopo la lettura de *Le mie prigioni*).

ID., *Una lettera in occasione di matrimonio*, Roma, Tipografia della Camera Apostolica, 1858.

ID.*, Un Te Deum inedito di Gaetano Donizetti e una lettera inedita di Silvio Pellico*, Bergamo, Officine dell'Istituto d'arti grafiche, 1907

ID., *Versi per il genetliaco della marchesa Giulia di Barolo preceduti da una lettera alla signora Nina Olivetti*, Firenze, Stabilimento Tipografico Pellas, 1890.

(Contiene una lettera, datata 25 luglio 1845, indirizzata alla poetessa fiorentina Nina Olivetti che aveva composto dei versi per il compleanno della marchesa di Barolo).

Libri di memorie ed epistolari di personaggi dell'Ottocento in cui sono contenute lettere di Silvio Pellico

A. ANDRYANE, *Mémoires d'un prisonnier d'État au Spielberg*, Paris, Ladvocat, 1837-1838, 4 voll.

ID., *Memorie di un prigioniero di stato nello Spielberg, compagno di prigionia di Confalonieri e Silvio Pellico, unica traduzione italiana con*

l'aggiunta di documenti inediti e rari non compresi nell'originale francese,
pubblicata con l'assenso dell'autore dal prof. Abate Francesco Regonati,
Milano, Libreria di Francesco San Vito, 1861, 4 voll.

G. ARRIVABENE, *Intorno ad un'epoca della mia vita, con l'aggiunta di sei*
lettere inedite di Silvio Pellico, Torino, Unione Tipografico - Editrice,
1860.

(Contiene sei lettere indirizzate al conte Giovanni Arrivabene, datate
rispettivamente 14 dicembre 1838, 14 febbraio 1839, 3 aprile 1843, 1°
gennaio 1844, 4 maggio 1844, 17 novembre 1852).

F. CONFALONIERI, *Carteggio,* pubblicato con annotazioni storiche a cura di
G. GALLAVRESI, Milano, Società per la storia del risorgimento italiano,
1910-1913, 3 voll.

(Contiene cinquanta lettere indirizzate da Silvio Pellico a Federico
Confalonieri, scritte tra il 1819 e il 1846).

ID., *Memorie e lettere,* a cura di G. CASATI, Milano, Hoepli, 1889-1890, 2
voll.

ID., *Memorie.* Nuova edizione a cura di A. M. ORECCHIA, Milano, LED,
2004.

L. DI BREME, *Lettere*. A cura di P. CAMPORESI, Torino, Einaudi, 1966.

(Contiene dieci lettere indirizzate da Silvio Pellico a Ludovico di Breme, scritte tra il 1815 e il 1820).

G. FALLETTI DI BAROLO, *Viaggio per l'Italia: Lettere d'amicizia a Silvio Pellico (1833-1834)*, Casale Monferrato, Piemme, 1994.

(Contiene in appendice il "Piccolo diario" di Silvio Pellico, scritto nell'estate del 1837).

V. GIOBERTI, *Epistolario*, Edizione Nazionale a cura di G. GENTILE e G. BALSAMO CRIVELLI, Firenze, Vallecchi, 1927-1937, 12 voll.
(Contiene quattro lettere indirizzate da Silvio Pellico a Vincenzo Gioberti, scritte tra il 1843 e il 1845).

LA MIA EDIZIONE DELLE LETTERE DI SILVIO PELLICO:

La mia edizione frutto di dieci anni di ricerche in archivi e biblioteche è composta attualmente da dieci volumi nove relativi alle lettere scritte da Pellico dopo la liberazione dallo Spielberg ed uno relativo alla lettere d'amore del Pellico scritte nel 1820 all'attrice Teresa (Gegia) Marchionni.

Le lettere sono state suddivise in base al destinatario per avere una certa omogeneità tematica.

Sono in vendita sul sito di lulu.com e nelle librerie on line...

Per maggiori informazioni mi potete contattare via email oppure attraverso anobii.com:

http://www.anobii.com/contributors/Cristina_Contilli/667082

Un mio articolo sul rapporto di amicizia tra Silvio Pellico e Giovanni Arrivabene è stato pubblicato nel giugno 2010:

http://www.literary.it/dati/literary/c/contilli/lamicizia_di_pellico_con_arri vabene.html

www.ingramcontent.com/pod-product-compliance
Lightning Source LLC
Chambersburg PA
CBHW060444290526
45793CB00002B/562